幼儿音乐游戏活动指导

丛书主编　赵　宇
分册主编　茅　茵　史　莹
分册副主编　王秀波　朱云丽　李庆玲
编　　者　贾　艳　安育红　杨　红　丁　萍　郝　艳
林　晏　王雪霜　于倩兰　杜芳馨　李　池
高海彤　徐艺萍　王雨婷　宁文婧　慕双娥
王　双　王　婷　孙　琦　王　蕾　王　爽
林　源

辽宁师范大学出版社
·大　连·

编者的话

提高学前教育质量的关键在于提高幼儿园教师队伍的专业素养。在国家教育部2012年颁布的《幼儿园教师专业标准（试行）》（以下简称《专业标准》）中，将幼儿园教师保教工作实践能力视为核心，作为评估业务水平的重要标志。因此，探索将《专业标准》中的教育理念与基本要求转化为具体的教育策略，提高幼儿园教师运用专业知识分析解决教育实践问题的能力，对促进其专业发展具有重要意义。“幼儿园教师实践能力指导与培训丛书”（以下简称“丛书”）就是为了更好地贯彻《专业标准》和《3-6岁儿童学习与发展指南》而编写的。

“丛书”有三个突出的特点。一是主题性。“丛书”聚焦《专业标准》中环境的创设与利用、一日生活的组织与保育、游戏活动的支持与引导、教育活动的计划与实施、教师的反思与发展等专业能力，将其中的基本要求细化为各分册微主题，形成了主题化、系列化的丛书结构。二是实践性。“丛书”各分册内容力求做到精选专业知识和基本技能，凸显实践中的应用方法和常见问题的解决策略，通过提供系统的、丰富的实践经验和教育智慧，满足教师实际应用的需要，实现基于理论的实践指导。三是范例性。“丛书”提供了大量的实例、样例，这些文本、案例、问题情境等资源，为幼儿园教师起到了借鉴、参考和示范的作用。

“丛书”既可作为幼儿园教师自主研修用书，也可用于实践能力培训课程，还可作为园本课程研发与使用资源。编写团队由具有多年研究和实践经验的研训教师及一线优秀教师组成，内容来源于幼儿园教育教学实践与研究成果，作为区域幼儿园教师培训课程已经多次使用并获得好评。由于编写时间和编者水平所限，书中若有疏漏和不足之处，敬请斧正。

编者

2018年8月

前言

幼儿音乐游戏是深受幼儿喜爱的一种常见的游戏类型，有助于发展幼儿对音乐的感受力、表现力和创造力，同时又对丰富幼儿的知识经验和获得愉悦的情绪体验有着积极的促进作用。幼儿园教师音乐游戏活动的实践能力主要体现在三个方面，一是对音乐游戏活动的基本认识，二是能创编音乐游戏活动，三是会设计和组织实施创编的音乐游戏活动。

本书从提高幼儿教师音乐游戏活动的实践能力需要出发，对幼儿音乐游戏活动进行了概述，介绍了音乐游戏的基本含义、年龄特征、分类等相关知识；阐述了音乐游戏创编材料的选择方法，以及音乐游戏创编活动的设计与实施策略，以提高教师对音乐游戏活动的创编以及设计与实施能力。针对幼儿音乐游戏活动提供了小、中、大班三种类型活动设计案例和 21 个好玩的音乐游戏活动案例，为教师开展幼儿音乐游戏活动提供参考和借鉴。

本书是编者在多年理论与实践研究基础上积淀形成的，可读性高、可操作性强，可作为幼儿园教师指导幼儿音乐游戏活动的自主研修用书或培训课程教材，也可用于教师教育教学活动参考。

目 录
Contents

（★歌舞游戏 ★表演游戏 ★听辨反应游戏 ★趣味游戏）

第一章 幼儿音乐游戏的基本认识

一、什么是音乐游戏

音乐游戏是以发展幼儿音乐能力为主要教育目标的游戏。自由愉快的音乐游戏能提高幼儿对音乐的感受能力、表现能力和创造能力，也能提高其交往能力、合作能力和自控能力，还能使幼儿获得丰富的知识经验和积极的情绪体验。

音乐游戏是在音乐伴随下进行的，必须按照某种特定的音乐要求活动的游戏。在语言游戏、体育游戏或智力游戏中，音乐只起陪衬和背景作用；而在音乐游戏中，幼儿必须根据音乐的性质、情感、节奏、结构等要求进行游戏，其全部规则都是建立在特定的音乐教育目标的基础之上的。

二、音乐游戏的年龄特征

幼儿在不同年龄阶段表现出不同的游戏水平。

小班

- 喜欢倾听音乐，能手舞足蹈大胆表现音乐。
- 能在音乐的伴随下，按节奏做一个跟着一个走的动作。
- 喜欢在熟悉的歌曲伴随下做相应的模仿动作。
- 能在简单游戏材料的辅助下，尝试进行合作游戏。
- 愿意和同伴一起随音乐互换位置做游戏。

中班

- 喜欢倾听、辨别音乐内容的不同变化，大胆表现音乐。
- 能在音乐的伴随下，有节奏地做跑跳步、踏点步等动作。
- 喜欢边唱歌曲边和同伴一起大胆表现做游戏。
- 能按音乐的不同节奏进行相应的动作表现。
- 能在不同游戏材料的辅助下，大胆表现进行合作游戏。
- 喜欢和同伴一起两人合作、小组合作、集体合作进行游戏。

大班

- 对音乐的不同节奏变化感兴趣，并能大胆表现。
- 能在音乐的伴随下，进行简单的合作套圈游戏。
- 喜欢随音乐的不同变化，进行拍手和围成大小圈做游戏。
- 尝试根据音乐的节奏变化，用不同的线条大胆表现音乐。
- 能辨别音乐的不同结构内容，进行相应的音乐表现。
- 借助不同游戏，跟随音乐的不同变化进行游戏。
- 喜欢和同伴一起创编、合作进行游戏。

三、音乐游戏的分类

音乐游戏是多种多样的，分类方式也各不相同。一般来说，我们将音乐游戏分成歌舞游戏、表演游戏、听辨反应游戏和趣味游戏。

1 歌舞游戏

歌舞游戏指主要侧重于歌唱和韵律活动的游戏。

歌舞游戏的特点：按照歌词、节奏、乐句或乐段的结构做动作、变换动作进行游戏。这种游戏中有时也可能有简单的情节和角色，但与表演游戏不同，歌舞游戏中的情节和角色通常没有专门的音乐来表现，也不需要特别强调情节和角色的表演。

- 根据歌词的情节内容做游戏。如“跳到我这里”“三人套圈”等。
- 根据乐曲节奏变换队形或做相应的肢体动作表现的游戏。如“你做我学”等。

2 表演游戏

表演游戏指主要侧重于按音乐性质变化进行情节和角色表演的游戏。

表演游戏的特点：按专门设计和组织的不同音乐做动作、变换动作进行游戏。这种游戏的情节和角色通常都有专门的音乐来表现，也相对比较强调情节和角色的表演。

- 根据歌词内容变化进行的角色表演游戏。如“浪花和脚丫”等。
- 根据音乐的不同变化进行的角色表演游戏。如“小猪兄弟”等。

3 听辨反应游戏

听辨反应游戏指侧重对声音或音乐的听辨结果进行快速反应的游戏。

听辨游戏的特点：只要求按规定方式对音乐或声音的某种要素做出反应，一般不注重情节和角色表演。

- 根据乐曲不同结构变化做相应动作的游戏。如“小熊是谁呀”“切西瓜”等。
- 用不同的方式探索、大胆表现不同音乐变化的游戏。如“画音乐”等。

4 趣味游戏

趣味游戏侧重于通过丰富的游戏情节，培养幼儿的想象力、创造力以及大胆表现能力和活泼的个性发展等的游戏。

趣味游戏的特点：游戏的生活性和趣味性比重较大。可以在选择游戏内容的基础上，将音乐的不同变化始终贯穿在幼儿熟悉的生活内容中，并且由简单易懂的内容变化丰富游戏的趣味性。如“蔬菜汤”“泡泡不见了”等。

第二章 幼儿音乐游戏创编的材料选择

教师要创编一个好的音乐游戏，应从音乐、情节角色、游戏规则、道具、队形五个方面精心选择。

一、音乐的选择

在选择音乐时，除了要考虑幼儿的年龄特点以及幼儿感知、理解音乐的实际能力和接受水平，更需要考虑音乐作品本身的艺术性和多样性。

- 音乐作品所表达的内容、形象或情感应是幼儿熟悉、理解且能唤起幼儿兴趣的。
- 音乐作品的形式应简单，结构应工整且长度适中。
- 选择的曲式结构应有重复、对比、再现、变奏、回旋等。
- 考虑作品在内容、形式和题材等方面的多样性。
- 针对不同类型的音乐游戏，选择的音乐也会有所不同。

歌舞游戏音乐	表演游戏音乐	听辨反应游戏音乐	趣味游戏音乐
应多使用歌曲和便于幼儿哼唱的乐曲，节奏要鲜明，结构要工整，便于幼儿用动作表现。	应结合角色表现的需要来选择，不同的音乐之间对比性要强，以便幼儿区别和表现。	应根据游戏设计的听辨要求来选择，听辨的部分应清晰、明确，能被特定年龄幼儿感知。	应贴近幼儿生活内容，音乐旋律诙谐、幽默、通俗易懂；同时，音乐的节奏应简单，音乐性质应有鲜明的不同，易于幼儿分辨并参与游戏。

二、情节角色的选择

音乐游戏中的情节角色是根据音乐内容的情感体验，唤起幼儿对有关生活和意境的记忆和表象。它可以展开一定的联想和想象，并根据不同音乐作品的性质、风格、情绪及基本表现手段进行角色的选择。

- 容易用音乐来表现，音乐表现的方式应能为幼儿所接受和理解。
- 幼儿所熟悉和喜爱的，并容易让幼儿从中获得生理和心理情节角色满足的。
- 具有丰富的教育价值，幼儿能从中自然地获得相应的知识、技能和价值观念。

三、游戏规则的选择

每一个音乐游戏都有其相应的游戏规则。循序渐进的游戏规则不但可以帮助幼儿快速熟悉游戏的玩法，还可以在遵守规则的同时，达到音乐游戏的目标。在游戏规则的选择上，首先要考虑与音乐教育目标相关联的幼儿音乐能力的实际发展水平，其次要考虑与其他教育目标相关联的其他能力的实际发展水平，增强幼儿的规则意识。

●内容目标的设定规则

1.动作协调能力培养。如小班“走呀走”，让幼儿随音乐节奏练习一个跟着一个走；再如中班“跳到我这里”，是让幼儿在熟悉的歌曲伴唱中，尝试做跑跳步的动作练习。

2.创造和合作能力培养。如大班“你做我学”，引导幼儿感受音乐的不同，并能创编、模仿各种不同的动作。

3.听辨反应能力培养。如小班“跟着老师走走”，让幼儿跟随教师说唱的歌词内容，做相应的动作进行游戏；再如小班“网小鱼”，让幼儿尝试模仿表现小鱼的动作，并能随音乐的变化躲闪进行游戏，练习幼儿的反应能力。

●游戏玩法的实施规则

1.队形的排列规则，可以帮助幼儿辨别音乐的结构变化。如中班“钻山洞”，就是在感受音乐节奏的不同变化时，随音乐的变化合作双人队形搭“山洞”和排成一路纵队一个跟着一个钻“山洞”做游戏。

2.动作的变换规则，可以促进幼儿的动作技能发展。如中班“咔嚓咔嚓”，在唱到“咔嚓咔嚓”和“拿起刷子，刷呀，刷刷刷刷”时，扮演理发师的幼儿与对面扮演客人的幼儿做横穿两手的动作，扮演客人的幼儿一直做上下拍手的动作；再如大班“拍手游戏”，幼儿合作交叉拍手游戏时，先自己拍一次手，再和好朋友进行右手和左手依次合作拍手的游戏。

3.道具的使用规则，可以创设简单的游戏情境，体现游戏的整体性。如中班“小熊是谁呀”，当歌曲出现间奏时，全体幼儿参与做“抢椅子”游戏，没有抢到椅子的幼儿就是要找的“小熊”。

4.音乐的变化规则，可以引导幼儿感知音乐中的不同节奏与相应变化。如大班“画音乐”，当音乐旋律出现快的节奏时，幼儿可以选择自己喜欢的符号或线条大胆表现音乐。

5.角色的扮演规则，可以方便幼儿快速熟悉游戏中的角色分配与情节。如大班“三人套圈”，应该按照“1”“2”“3”的角色顺序进行套圈。

6.位置的转换规则，简单的位置变化可以让幼儿体验与感知音乐游戏的趣味性。如小班“小蜜蜂和小蝴蝶”游戏中，扮演小蜜蜂的幼儿要先蹲下去，扮演小蝴蝶的幼儿围着“小蜜蜂”转一圈，转回到自己的出发点蹲下，然后“小蜜蜂”围着“小蝴蝶”跑一圈，再回到原处。随后，可以再请一组幼儿和教师做“互相围跑”的游戏。

四、道具的选择

在开展音乐游戏时，需要借助一定的道具作为辅助感知手段，让幼儿通过视觉、听觉、运动觉等感知器官的协同活动，丰富和加强对音乐的直观感受。道具可以是能具体反映音乐的形象、内容、结构及节奏特点的可视材料，如图片、幻灯、录像等，也可以是可供幼儿实际操作的实物道具，如玩教具等。

●游戏材料的类别

1.节奏图谱。如中班“咔嚓咔嚓”、大班“切西瓜”等。

2.游戏卡或角色头饰。如小班“蔬菜汤”“小蜜蜂和小蝴蝶”，中班“小老鼠打电话”，大班“小猪兄弟”等。

3.辅助工具。如小班“网小鱼”中使用的纱巾，大班“三人套圈”中使用的手环等。

4.借用生活中的物品。如中班“小熊是谁呀”中的小椅子，大班“鲨鱼来了”中的塑料圈等。

●游戏材料的选择

选择游戏材料时要注重游戏材料的操作性，增强音乐游戏内容的趣味性。同时提供丰富的游戏材料，设计难度适中的游戏内容，并与幼儿的生活经验相结合，促使幼儿主动积极地反复练习操作材料，感受音乐，大胆表现音乐。

选择各年龄阶段游戏材料时应注意的问题

年龄段	使用	颜色	设计	利用价值
小班	简单、安全。如：头饰、胸卡、手环、纱巾	鲜艳、明快、对比明显。如：游戏卡或胸卡	直观、大方、富有情趣。如：围裙	明确游戏的位置。如：圆圈线、地面上的小圆点等
中班	适用、方便。如：手帕	明快、多样。如：动物头饰、小椅子等	符合游戏需要。如：小椅子	了解游戏规则。如：纱巾、胸卡等
大班	自如、灵活。如：数字卡	多样。如：画纸和笔	贴近生活，就地取材。如：塑料圈	理解音乐，遵守规则。如：照相机

五、队形的选择

●游戏队形的名称与内容要求

队形名称	队形排列	举例说明
大圆圈	全体幼儿手拉手围成一个大圆圈，面向圆心站好	小班“跟着老师走走”“转动的圆圈”，中班“跳到我这里”，大班“切西瓜”等
双圆圈	全体幼儿分成两个小组，手拉手围成里外两个大圆圈，面对面站好	大班“你做我学”
若干个小圆圈	全体幼儿3人或4人一组，手拉手围成若干个小圆圈	大班“三人套圈”
一列纵队	一个跟着一个前后排队	小班“火车开动了”
两列纵队	一个跟着一个前后排队，排成两个直排	中班“钻山洞”
两列横排	全体幼儿分成两组，面对面站好	中班“浪花和脚丫”

●游戏队形的图示解析

大圆圈

双圆圈

若干个小圆圈

一列纵队

两列纵队

两列横排

第三章 音乐游戏创编的设计与策略

一、音乐游戏创编的设计思路

教师在设计和组织音乐游戏时，应创造一定的游戏情境，并采用趣味化、游戏化的口吻，通过语言、表情、体态上的变化，激发幼儿的兴趣，帮助幼儿感知音乐，了解游戏规则，提高幼儿对音乐的感受力、表现力和创造力。

为了让幼儿更好地理解音乐游戏的设计意图，掌握游戏方法，首先教师要根据幼儿特点选择游戏材料，并从音乐的选择、情节角色的定位来制定相应的游戏规则。在明确游戏规则后，确定音乐游戏活动的教育目标及注意事项。

1.选择游戏材料。

要选择贴近幼儿生活、富有趣味性的游戏材料。如中班“丢手帕”是让幼儿大胆表现与创造；大班“越来越多的朋友”是让幼儿学会与同伴合作游戏，并体验游戏的趣味性。

2.明确游戏规则，确定教育目标。

要明确游戏活动的规则，依据幼儿的年龄与身心发展特点确定相应的教育目标。如小班“跟着老师走走”，让幼儿练习听指令游戏，并感受音乐的开始和结束。

3.分析音乐作品，熟悉音乐内容。

简单分析音乐作品，熟悉音乐内容，了解音乐结构特点。如小班“走呀走”是以故事情节导入的，应在幼儿熟悉音乐内容的基础上，让幼儿尝试扮演小玩具兵，练习一个跟着一个走。当音乐发生变化时，再随音乐的旋律与节奏做相应的模仿动作，然后随音乐的内容变化练习一个跟着一个走，直到音乐旋律渐弱、停止，游戏自然结束。

4.明确划分类别，设计活动形式。

应明确划分音乐游戏活动的类别，设计游戏活动的组织形式。教师可以先把设计好的音乐游戏活动划分为角色表演音乐游戏、故事情节音乐游戏和同伴合作音乐游戏。如大班“三人套圈”，是让幼儿学习三人协调套圈的方法。三名幼儿的头挨在一起，双手相互抱肩，围成小圆圈，然后手拉手退后成圆圈，逆时针转一圈，再三人相互交叉握手。握手时，一名幼儿右手在上，另两名幼儿左手在上，依次练习套圈，边唱“先套×××呀，再套×××呀，后套×××呀”时，边做三人交叉套圈的动作。

5.灵活运用方法，选择指导策略。

在活动设计上，应根据游戏类型的不同采用相应的教育手段，指导幼儿开展游戏。如大班“画音乐”，可以让幼儿先欣赏音乐，感受音乐节奏的变化，再用多种不同的线条来表现音乐的不同变化。

二、音乐游戏的指导策略

在音乐游戏中，音乐和游戏是相辅相成的。游戏帮助幼儿更形象、具体地感受和理解音乐，获得一定的情绪体验。教师在游戏过程中要注重观察幼儿之间的差异，照顾到全体幼儿，并采取灵活、多变的教育策略，根据幼儿不同年龄阶段的发展水平，指导幼儿开展游戏活动。

1.创设音乐游戏的情境

教师可以适当布置游戏的场景，既易于幼儿接受，又增添了游戏的情趣。

2.介绍游戏的名称及主要内容

教师可以用讲故事或谈话导入的方式，向幼儿介绍游戏的名称及主要内容。

3.教师和幼儿一起探索音乐游戏的部分内容

教师可以让个别幼儿先参与游戏，引领其探索游戏玩法的难点之处，还可以分成小组反复游戏。

4.交代清楚游戏的规则

不同的游戏有不同的规则，同一游戏也可以用改变规则的方式增加或降低难度。教师可以根据幼儿的发展状况提供不同的游戏材料，使幼儿有兴趣参与游戏。

5.引导幼儿熟悉游戏音乐

教师可以带幼儿提前学习游戏中的歌曲或部分动作，让幼儿熟悉歌曲内容和音乐游戏的动作。

6.合理使用游戏材料

教师可以根据游戏的需要为幼儿提供手环、手帕、纱巾、胸卡等游戏材料，帮助幼儿明确规则，提高游戏的趣味性。

三、音乐游戏的常见问题与解决对策

音乐游戏的常见问题与解决对策

常见问题	解决对策
音乐游戏的选曲过长或太快，不适合幼儿。	可以按照音乐游戏的内容节选乐曲的部分乐段，使其适合幼儿游戏。
幼儿对音乐游戏内容不感兴趣。	灵活选用幽默的语言、夸张的动作或扮演角色来吸引幼儿。
幼儿对音乐游戏的玩法理解混乱。	可以在音乐转换处及时用语言或动作提示。
幼儿不遵守音乐游戏规则。	在每一次游戏中，不断提出明确、具体的规则要求。

第四章 幼儿音乐游戏活动设计案例

小 班

蔬菜汤

蔬菜汤

游戏目标：

1. 初步感受音乐的不同变化。
2. 能随音乐的节奏做各种动作。
3. 体验和同伴一起扮演蔬菜做游戏的快乐。

游戏准备：

1. 场地上画有一个大圆圈。
2. 游戏道具：厨师帽一个或围裙一条，自制大饭勺一个。
3. 幼儿佩戴的胸饰或头饰：各种好吃的蔬菜（胡萝卜、西红柿、大白菜、紫茄子等），数量为双数。
4. 音乐《蔬菜汤》。

游戏过程：

1. 情境导入

教师扮演厨师，提出要做一锅美味蔬菜汤，引起幼儿参与游戏的兴趣。

2. 倾听感知

引导幼儿完整欣赏音乐，感受音乐旋律与节奏的变化，感知“洗菜、切菜、做汤、搅汤、盛汤”等过程。

3. 游戏体验

鼓励幼儿戴上头饰扮演不同的蔬菜，随音乐的不同变化大胆表现。

边听音乐边提示幼儿：当音乐发生变化时，请每棵“小蔬菜”找到和自己一样的“蔬菜”，两人手拉手走到“大锅”里做游戏，直到“厨师”把“蔬菜”煮好，最后把“蔬菜”都“捞”出来，游戏结束。

4. 交代规则

引导幼儿随音乐的不同变化，做简单的“洗菜、切菜、煮汤、盛汤”的游戏，并遵守相应的游戏规则。

5. 完整游戏

鼓励幼儿随音乐的不同变化完整进行游戏，体验和同伴一起扮演蔬菜做游戏的快乐。

游戏建议：

1. 教师扮演厨师，戴厨师帽或系围裙，站在圆圈中间，并对幼儿说："我是一个大厨师，今天要做一锅美味蔬菜汤。"全体幼儿佩戴胸饰或头饰，扮演各种好吃的蔬菜。

2. "厨师"随音乐节奏（逆时针方向）转圈走，同时双手在每名幼儿的头顶上模仿水龙头中流出的水，"清洗"每一棵"蔬菜"（可以两拍做一次动作）。幼儿可以尝试在教师"洗菜"时，随音乐的节奏上下快速扭动身体。在"厨师切菜"时，全体幼儿手拉手围成圆圈原地站好，"厨师""切"到哪里，被"切"到的"蔬菜"（两名幼儿）要马上把小手藏在身后。

3. 当"厨师"开始"煮汤、搅汤、盛汤"时，教师一定要把游戏规则逐步交代清楚，让幼儿知道玩游戏时应该注意什么，体验和同伴玩游戏的乐趣。

4. 当幼儿熟悉游戏玩法后，可以尝试亲子活动，让爸爸妈妈也加入"做蔬菜汤"的游戏，可以让爸爸妈妈扮演和自己角色相同的"蔬菜"，增加游戏的趣味性和亲子情感。

音乐分析：

《蔬菜汤》选自奥尔夫乐曲，其音乐结构特点为"ABCA'B'"。此游戏侧重于感受音乐性质的不同变化，并根据音乐的不同变化做相应的动作，非常贴切幼儿的生活经验。乐曲贯穿"洗菜、切菜、煮汤、搅汤、盛汤"整个游戏过程。

游戏提示：

游戏玩法

1. 幼儿围成一个大圆圈，扮各种蔬菜；教师扮厨师。

2. A段音乐，"厨师"随音乐节奏"洗菜"。

3. B段音乐，“厨师”随音乐节奏“切菜”。被“切”到的幼儿手藏在身后。

4. C段音乐，“厨师”开始“煮汤”。幼儿找到和自己相同的“蔬菜”，手拉手走到圈内。

5. A' 段音乐，“厨师”开始“搅汤”。“大勺”搅到哪里，那里的幼儿就要马上蹲下，其他地方的幼儿可以站起来。

6. B' 段音乐再次出现时，“厨师”用“大勺”开始“盛汤”。“盛”到哪一对“蔬菜”，那一对幼儿要立刻站起来走向圈外。

游戏规则

1. 当音乐旋律发生变化时，幼儿一定要找到与自己相同的“蔬菜”，然后两人手拉手随音乐的节奏走入圆圈内跳舞。

2. 当“厨师”的“大勺”（或双臂）做“搅汤”的动作时，被“大勺”搅到的“蔬菜”就要快速蹲下，“大勺”搅到别处时再迅速站起。

3. 被“厨师”“捞”到的“蔬菜”要马上走向圈外站好，直到“锅”里没有任何“蔬菜”，游戏自然结束。

中　班

邀请舞

邀请舞

游戏目标：

1.感知音乐ABA结构的不同。
2.能随音乐的不同变化做移步找朋友、握手等动作。
3.体验与同伴一起做邀请舞游戏的快乐。

游戏准备：

1. 游戏场地画有一个大圆圈，并在圆圈内做好圆点站位的间隔标记。
2. 音乐《邀请舞》。

游戏过程：

1. 情境导入

教师说儿歌“一对好朋友，见面握握手，邀请他和你，一起做游戏”。请幼儿随儿歌做动作，激发幼儿参与游戏的兴趣。

2. 倾听感知

★引导幼儿完整欣赏音乐内容，初步感知音乐 ABA 结构变化。

★播放 A 段音乐。

听一听，数一数，我们一共能找到几个好朋友？

★播放 B 段音乐。

听一听，想一想，我们可以做什么动作？

3. 游戏体验

鼓励幼儿随音乐变化找朋友，找到相对应的好朋友做握手等邀请动作。

4. 交代规则

引导幼儿听 A 段音乐做找朋友动作，找到好朋友握手做游戏。

5. 完整游戏

鼓励幼儿能随完整音乐的不同变化做游戏，体验和同伴一起做邀请舞游戏的快乐。

游戏建议：

1. 在幼儿听 A 段音乐找朋友时，里圈的幼儿沿顺时针方向向右随音乐节奏挪动脚步找到好朋友，做握手或拥抱等动作。当听到 B 段音乐时，两名幼儿面对面手拉手围成一个小圆圈，随音乐的节奏小碎步走入圆圈里，然后随音乐的节奏跟点步、手拉手小碎步转圈，再做跟点步等动作。

2. 在第四个乐句 B' 段音乐出现时，全体幼儿小碎步走回准确位置，里圈和外圈的幼儿面对面站好。

3. 当幼儿熟悉游戏玩法后，可以尝试在户外场地手拉手围成圆圈做游戏，还可以让男孩和女孩分别站在里圈和外圈，反复进行游戏。

音乐分析：

《邀请舞》选自奥尔夫音乐，其音乐结构特点为“ABB'AB”。其乐曲特点是 A 段音乐有 12 个小节，在 B' 段音乐处有一小节不同，再次出现的 A 段音乐有了 4 小节的延长，共有 16 小节。这样就构成了 ABB'A 的“邀请舞”游戏。

游戏提示：

游戏玩法

1. 全体幼儿分成两组，排成双圈站好。

2. 随音乐的前奏，面对面握手两次。

3. A 段音乐，外圈的幼儿不动，里圈幼儿随音乐节奏沿顺时针方向向右移动一步，和找到的新朋友握手两次。

4. 随 A 段音乐，里圈幼儿依次向右移步，直到从“1”找到第“12”个好朋友。

5. B 段音乐，两个好朋友手拉手走进圆圈里（或圆圈外）跳舞。

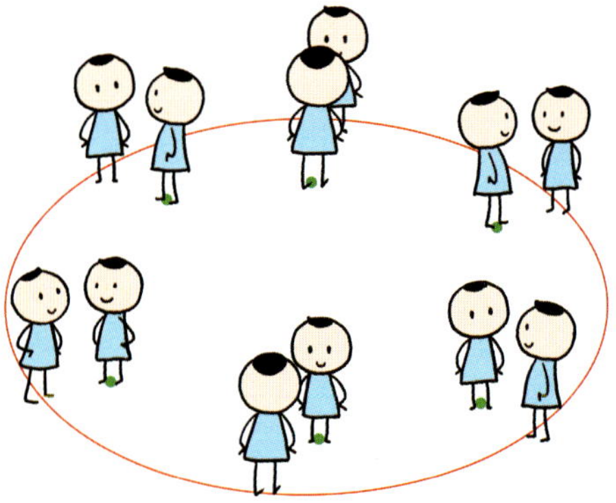

6.B' 段音乐，全体幼儿回到游戏准备的位置站好。

7. 当音乐 A 段内容再次出现时，继续做“移步”“找朋友”“握手”的动作，直到找到第“16”个好朋友，不用再握手，两个人拥抱在一起。

游戏规则

1. 在音乐 A 段内容出现时，里圈的幼儿沿顺时针方向移步找朋友，从“1”一直找到“12”。

2. 里圈幼儿在移步做动作时，外圈幼儿保持不动。

3. 最后找到第“16”个朋友时，两个人要拥抱在一起。

大 班

画音乐

画音乐

游戏目标：

1. 感受音乐快与慢的不同节奏变化。
2. 能随音乐的节奏变化用不同的线条符号画出想象中的音乐。
3. 体验听音乐画音乐的快乐。

游戏准备：

1. 经常利用入园、离园时段，反复播放音乐《画音乐》，让幼儿熟悉乐曲的旋律与节奏。
2. 彩笔、画纸若干。
3. 音乐《画音乐》。

游戏过程：

1. 情境导入

请幼儿完整倾听音乐并说说有什么感受，随音乐节奏行走，初步感受乐曲的快与慢。

2. 倾听感知

幼儿再次倾听音乐，进一步感受快与慢的节奏，并尝试用手指游戏表现音乐快与慢的节奏。

3. 游戏体验

鼓励幼儿根据听到的乐曲旋律画出想象中的音乐。

4. 交代规则

引导幼儿尝试用不同的线条符号画出想象中的音乐。

5. 完整游戏

引导幼儿再次随音乐的不同节奏变化画出想象中的音乐，体验倾听音乐、画音乐做游戏的快乐。

游戏建议：

1. 为了让幼儿感受乐曲的快与慢，教师可引导幼儿反复倾听乐曲，辨析乐曲中速度快慢的变化。

2. 教师可引导幼儿用肢体动作表现乐曲的节奏，如快节奏时可拍手、跺脚，慢节奏时可轻轻地旋转和伸展肢体。当音乐节奏加快时，幼儿可以用小手爬上爬下或双手握拳在胸前来回交替做类似“车轮滚”的动作，来表现音乐的快节奏。当音乐的节奏放慢时，幼儿可以用双手五指尖“碰拉”，表现音乐的慢节奏。

3. 教师可引导幼儿用笔画出简单的线条，辨别想象中的音乐。如：快节奏的音乐用点来表示，慢节奏的音乐用电话线来表示，中速的音乐可用锯齿线表示，让幼儿始终在音乐感染下学习表现音乐。

音乐分析：

“画音乐”是一个侧重于让幼儿倾听反应、辨别节奏的音乐游戏。《画音乐》选自世界名曲《匈牙利舞曲第五号》，是德国作曲家约翰内斯·勃拉姆斯的作品。乐曲为“ABA”结构，A 段音乐轻快匀速；B 段音乐有快速而紧张的，也有缓慢而柔和的，快的节奏与慢的节奏在音乐中形成了鲜明的对比，给予幼儿丰富的想象空间。

游戏提示：

游戏玩法

全体幼儿分组坐在小桌子旁，桌子上分别放有画纸和笔。

音乐开始，带领幼儿倾听音乐的节奏，做相应的手指游戏，初步熟悉并感受音乐节奏的快与慢。第二次倾听音乐时，可以鼓励幼儿尝试用画笔画出想象中的音乐。当幼儿再次倾听音乐时，教师可以让幼儿尝试用笔画出完整的音乐。如：音乐的主旋律开始时，幼儿可以尝试用“﹀﹀﹀”（锯齿线）来表现节奏的匀速，画的时候要铿锵有力，一拍一拍不间断；当快节奏出现时，幼儿可以尝试用“---”（虚线）来表现；反之，幼儿可以尝试用“ℓℓℓℓ”（电话线）来表现乐曲中的慢节奏。幼儿在画音乐时，可以用不同的画面表现音乐。如：在画纸上围着中心点转圈画不同的线条和自己喜欢的符号，或者在纸上横排画音乐等。总之，可以画自己喜欢的各种线条或符号，感受音乐节奏的不同变化，大胆表现音乐。

游戏规则

1. 当音乐旋律出现快节奏时，幼儿可以选择自己喜欢的符号或线条表现音乐。

2. 当音乐旋律出现慢节奏时，幼儿可以选择不同于快节奏的符号或线条画出想象中的音乐。

第五章 好玩的幼儿音乐游戏

小 班

跟着老师走走

跟着老师走走

游戏目标：

1.尝试正确地辨别音乐的开始与结束。
2.能按歌词内容变换动作。
3.体验和同伴一起做模仿游戏的快乐。

游戏准备：

1. 活动场地上画一个大圆圈。
2. 音乐《跟着老师走走》。

游戏玩法

1

全体幼儿围成一个大圆圈自然站好。

2

音乐响起，全体幼儿边拍手，边按逆时针方向跟着老师向前走。

3

当听到歌词“看谁最先站好”的“站好”时，幼儿要原地站好不动。

4

当教师再次演唱歌曲时，幼儿再次沿逆时针方向拍手向前走。当听到变换的歌词“蹲下”时，幼儿要原地蹲下不动。

5

全体幼儿两人一组，变成无数个“小泡泡”。

6

教师依次拍“泡泡”，“泡泡”要马上躲闪跑开，或把手藏到身后，表示“泡泡”破了，不见了。

游戏规则

1. 幼儿手拉手变化圆圈大小时，不能松开手。

2. 当音乐的旋律发生变化，教师做“吹泡泡”动作时，幼儿要马上找到一个好朋友，手拉手变成一个“小泡泡”。

3. 当教师在每一个“小泡泡”面前用力拍手时，变成“小泡泡”的两名幼儿要迅速放开彼此的手，若条件允许可以让幼儿跑离游戏场地，表现“泡泡不见了”。

音乐分析

《泡泡不见了》音乐结构是“ABA'”。此游戏是一个能随音乐的不同变化做“泡泡”变大、变小、变多、不见了等动作的音乐游戏。

游戏建议

1. 教师可以用说儿歌的方式带领幼儿做“泡泡”变大、变小的游戏。如“吹呀吹呀，吹泡泡，泡泡变大了”“吹呀吹呀，吹泡泡，泡泡变小了”。

2. 教师模仿吹泡泡的动作时，双手放在嘴边，用力“吹”一下，同时所有的幼儿要马上找到一个好朋友，两人手拉手形成一个小圆圈，迅速变成若干个“小泡泡”。

3. 当教师用拍手的方式走到每一个“小泡泡”面前，用力拍手发出“啪”的声响时，变成“小泡泡”的两名幼儿要迅速松开手，跑离游戏场地。最后，所有的“小泡泡”都不见了。

4. 当幼儿熟悉游戏的玩法后，教师可以在圆圈变大变小的基础上，尝试让圆圈转动起来，增加游戏的趣味性。如教师说“泡泡、泡泡转起来”，全体幼儿手拉手围成的大圆圈随音乐的节奏按逆时针方向慢慢向前走。教师说“泡泡、泡泡转回去”，全体幼儿围成的大圆圈再随音乐的节奏按顺时针方向慢慢往回走。

转动的圆圈

转动的圆圈

游戏目标：

1.感知音乐的快与慢。
2.能根据音乐的不同节奏，做出不同的圆圈变化。
3.体验和同伴一起拉圆圈做游戏的快乐。

游戏准备：

音乐《转动的圆圈》。

游戏玩法

1

全体幼儿围成一个大圆圈。

2

随音乐的节奏，按逆时针方向向前走，做“圆圈转一转”的动作。

3

再随音乐的节奏，按顺时针方向走一走。

4

当音乐的旋律变化时，圆圈慢慢变小。

圆圈再慢慢变大。

游戏规则

1. 全体幼儿手拉手做游戏时，自始至终都不松开手。
2. 幼儿手拉手做“转动的圆圈”时，方向要一致，先逆时针走，再顺时针走。
3. 当做“变动的圆圈”动作时，全体幼儿手拉手，一起慢慢走，把圆圈变小、变大即可。

音乐分析

《转动的圆圈》音乐结构是“ABA'B'”。此游戏是一个能根据音乐节奏的不同变化，做围成圆圈走一走的音乐游戏。

游戏建议

1. 教师在音乐一开始就可以带领幼儿一起随音乐做“转动的圆圈”动作。如全体幼儿手拉手，先按逆时针方向跟随节奏向前走，再随音乐节奏的变化转身顺时针慢慢往回走。

2. 当音乐的旋律发生变化时，全体幼儿手拉手做“变动的圆圈”动作。如全体幼儿手拉手，一起随音乐的节奏慢慢向圆心方向走，使圆圈渐渐变小，同时双手向上举起。然后，再随音乐的节奏慢慢退步向外走，拉开成一个大圆圈。

3. 此游戏的“转一转”和“变动的圆圈”可以随音乐的节奏变化反复进行四遍，直到音乐停止，游戏自然结束。

4. 当幼儿熟悉游戏玩法后，可以将全体幼儿分成两组、三组或四组玩游戏，增加游戏的趣味性与难度。

小蜜蜂和小蝴蝶

小蜜蜂和小蝴蝶

游戏目标：

1.尝试倾听音乐AB结构的反复变化。
2.能随音乐的变化，做合作拍手和“你围着我跑，我围着你转”的动作。
3.体验和同伴一起做“互相围跑”游戏的快乐。

游戏准备：

1. 小蜜蜂和小蝴蝶的头饰若干，数量分别是幼儿人数的一半。
2. 音乐《小蜜蜂和小蝴蝶》。

游戏玩法

1

男孩、女孩分两组分别扮演小蜜蜂和小蝴蝶，面对面站好。

2

A段音乐，随节奏拍手三次，反复进行。

3

B段音乐，“小蜜蜂”蹲下，“小蝴蝶”围着“小蜜蜂”转一圈。

4

“小蝴蝶”蹲下，“小蜜蜂”围着“小蝴蝶”转一圈。

游戏规则

1. 当 A 段音乐出现时，所有幼儿按节奏做拍手的动作。

2. 当 B 段音乐出现时，扮演小蜜蜂的幼儿先蹲下，扮演小蝴蝶的幼儿围着“小蜜蜂”跑一圈，再回到原处蹲下。然后互换，扮演小蜜蜂的幼儿围着“小蝴蝶”跑一圈。

音乐分析

《小蜜蜂和小蝴蝶》音乐结构是“ABAB'”。此游戏是一个能随音乐的节奏拍手，再随音乐节奏的变化做“你围着我跑，我围着你转”等动作的音乐游戏。

游戏建议

1. 游戏开始之前，可以在场地上粘贴两种颜色的即时贴，方便幼儿做游戏。

2. 游戏前，可以先找一名能力较强的幼儿与教师配合，戴上不同的头饰分角色进行游戏。

3. 在做“围跑”的动作时，蹲下来的幼儿可以尝试双手叉腰，抬头望着围着自己跑的幼儿。围着转跑的幼儿可以尝试小碎步逆时针或顺时针围着自己的好朋友转一圈，然后回到原处蹲下。

4. 游戏中，可以先让幼儿直观感知“小蜜蜂”要先蹲下去，“小蝴蝶”才能围着“小蜜蜂”转一圈，并且要转回到自己的出发点蹲下，然后“小蜜蜂”围着“小蝴蝶”跑一圈，再回到原处。随后，再请一组幼儿和教师做“互相围跑”的游戏。

5. 当幼儿熟悉游戏玩法后，可以在户外场地或较大的活动场地让幼儿排成两列纵队，尝试自主倾听音乐的变化面对面做“拍手”和“互相围跑”的游戏，增加游戏的难度和趣味性。

火车开动了

火车开动了

游戏目标：

1.感受音乐节奏的不同变化。
2.能在教师的带领下做一个跟着一个走、“搭山洞”、“钻山洞”的游戏。
3.体验和同伴一起做开火车游戏的快乐。

游戏准备：

1. 自制一个火车头的胸饰或头饰。
2. 音乐《火车开动了》。

游戏玩法

1

全体幼儿一起搭成一列“小火车”。

2

“小火车”随音乐开动，逆时针向前走。

3

“小火车”按“S 形”路线跑动。

4

幼儿依次搭“山洞”，“小车厢”依次钻过“山洞”，继续随音乐节奏向前走。

游戏规则

1. 当“小火车”开动时，幼儿要两手拽着前面幼儿的衣角，跟随教师一个跟着一个慢慢向前跑，不能松开手。

2. 当出现搭好的“小山洞”时，扮演小车厢的幼儿一个跟着一个慢慢钻过“小山洞”。

音乐分析

《火车开动了》音乐结构是“ABCA'”。此游戏是一个能在教师的带领下，做一个跟着一个走、“搭山洞”、“钻山洞”的音乐游戏。

游戏建议

1. 游戏前，教师可以戴上火车胸饰或头饰，站在队伍的最前面；幼儿扮演小车厢，一个跟着一个站在老师身后，并用双手拽着前面小朋友的衣角，组成一列长长的小火车。

2. 音乐响起时，教师可以带领幼儿一个跟着一个随音乐的旋律按逆时针方向围着圆圈走，还可以尝试“S 形”穿梭走。

3. 两人一起搭“山洞”，如教师请第一名幼儿和第二名幼儿迅速搭起一个“小山洞”，让后面的“小车厢”一个跟着一个钻过“小山洞”，然后逆时针方向接着围游戏场地向前小碎步走，再搭起另一个“小山洞”，让后面的“小车厢”继续一个跟着一个依次钻过“小山洞”。

4. 在钻“小山洞”时，幼儿可以松开手，防止做游戏时绊倒。

5. 幼儿熟悉游戏玩法后，教师还可以尝试让幼儿在户外场地或大的活动场地上做此游戏或与家长进行亲子游戏，让幼儿搭建更多的“小山洞”，“小山洞”的间隔距离要大一些，音乐停止时，看看“小火车”钻过了多少“小山洞”，体验“小火车开动了”和“火车钻山洞”游戏的乐趣，感受和家人、朋友一起游戏的快乐。

走呀走

走呀走

游戏目标：

1.倾听并感受音乐ABA结构的不同变化。
2.能随音乐的变化一个跟着一个走和两人一对进行简单的模仿动作。
3.体验和同伴一起游戏的乐趣。

游戏准备：

1. 地面上画一个大圆圈，全体幼儿在圆圈边线上站好。
2. 音乐《走呀走》。

游戏玩法

1

A段音乐，幼儿按逆时针方向跟随音乐节奏边拍手边一个跟着一个走。

2

当音乐的节奏发生变化时，幼儿迅速找到一个好朋友，随B段音乐节奏做简单的模仿动作。

3

当音乐节奏再次发生变化时，幼儿快速站在圆圈线上。随A段音乐按逆时针方向再次跟随节奏边拍手边一个跟着一个走。

4

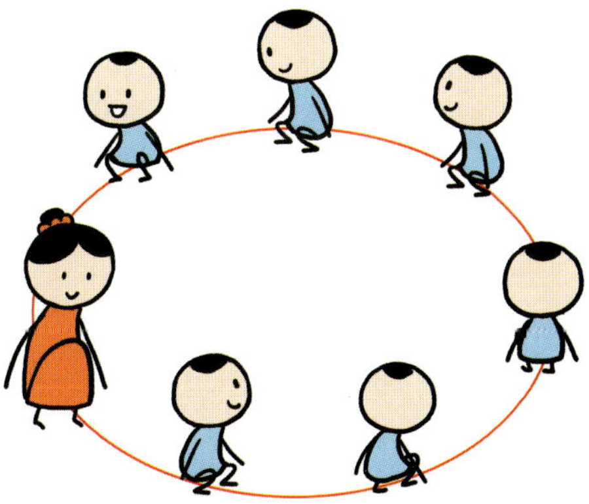

当音乐的旋律慢下来、弱下来，幼儿自然蹲下（或站住），游戏结束。

游戏规则

1. 当 A 段音乐出现时，幼儿一起随音乐节奏一个跟着一个走。
2. 当 B 段音乐出现时，幼儿迅速找到一个好朋友，一起做简单的模仿动作。

音乐分析

《走呀走》选自乐曲《小小玩具兵》，是一首 ABA 结构的曲式，乐曲节奏欢快、诙谐、幽默，富有情境游戏的特点。

游戏建议

1. 教师在带领幼儿游戏之前，应先完整倾听音乐，感受音乐的不同变化。再分段倾听音乐，使幼儿在感受各段音乐不同的基础上，尝试用不同的动作表现音乐。

2. A 段音乐，可以尝试让幼儿缓慢地跟随教师一个跟着一个走，也可以引导幼儿随音乐节奏自由地在游戏场地外（圆圈外）走动。

3. 当 B 段音乐出现时，幼儿要迅速找到临近的一个好朋友，两人一对，随音乐的节奏做一些简单的模仿动作，如拉手、挽花、拍手或一左一右的跟点步等。

4. 当幼儿熟悉音乐的节奏和变化后，可以尝试不用圆圈的控制线做游戏，也可以到户外场地做游戏，增加游戏的难度和趣味性。

附录

小小玩具兵

1 = D 2/4

［德］耶塞尔 曲

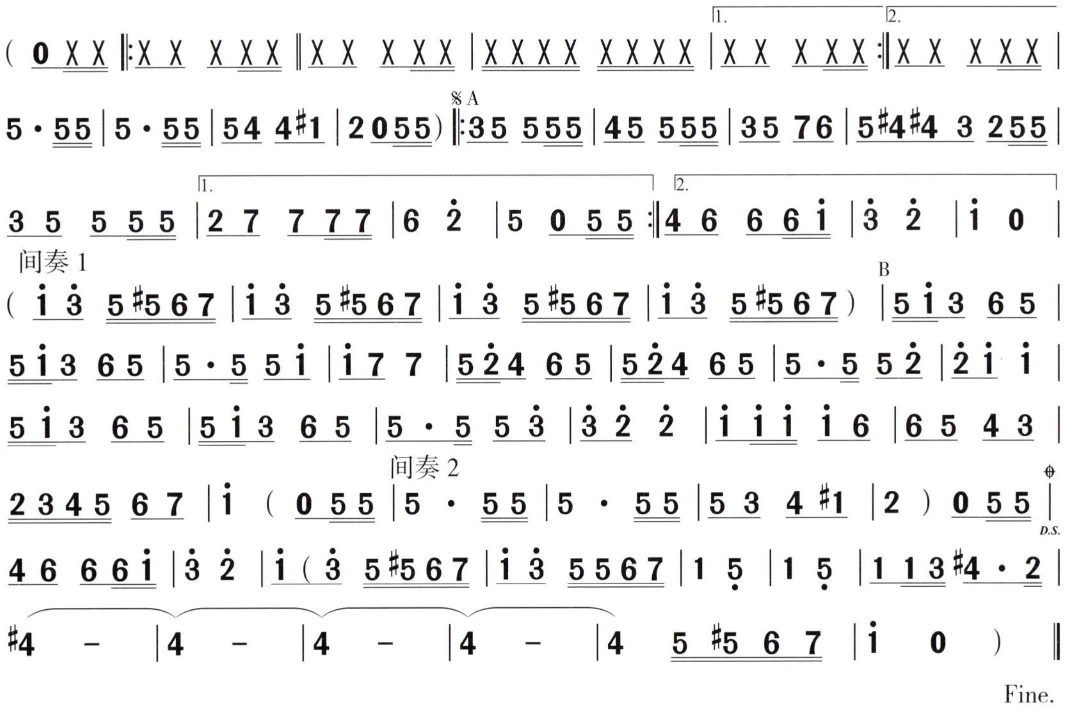

网小鱼

网小鱼

游戏目标：

1.感受音乐节奏的不同变化。

2.能随音乐的变化做小鱼游和躲闪游戏。

3.喜欢玩规则性的音乐游戏。

游戏准备：

1. 自制渔网（或用纱巾代替）一个。

2. 音乐《网小鱼》。

游戏玩法

1

音乐响起，“小鱼”蹲下做睡觉状，做好游戏准备。

2

跟随A段音乐的歌词内容做相应的模仿动作。

3

B段音乐，“小鱼”随音乐自由走动，模仿小鱼游的动作。

4

C段音乐的慢节奏出现时，“网鱼人”开始“网小鱼”，“小鱼”要快速躲闪。

5

B 段音乐节奏加快，“小鱼”要快速游回“家”里，蹲下不动。

游戏规则

1. 当听到音乐的歌词部分时，幼儿要模仿小鱼的不同动作。
2. 当音乐快节奏旋律出现时，“小鱼”可以自由地“游”来“游”去。
3. 当“网鱼人”出现时，“小鱼”要边“游动”边躲闪。被网到的“小鱼”要在场地边休息，等到音乐结束后，“小鱼”才能回到游戏场地，重新参与游戏。

音乐分析

《网小鱼》音乐结构特点是“ABCB'”，歌曲旋律流畅、优美，节奏舒缓、轻快，富有情境。此游戏是一个能随音乐的变化做小鱼游和躲闪的音乐游戏。

游戏建议

1. 当有歌词内容出现时，全体幼儿可以尝试两人一对，随歌词内容大胆表现一对“小鱼”是好朋友。
2. 幼儿在 B 段音乐模仿“小鱼游”的动作时，可以尝试双手五指并拢放在身体一前一后，做小鱼游的简单动作。
3. 当音乐的节奏慢慢发生变化时，“小鱼”要躲闪“网鱼人”的抓捕。“网鱼人”可以在 C 段音乐节奏的最长音处做捕鱼的动作。如可以尝试用纱巾盖或双手拥抱的方式去“网”任何一条“小鱼”。“网鱼人”根据音乐节奏特点，“网”到 4 条“小鱼”即可。
4. 随着音乐节奏越来越快，所有的“小鱼”可以自由游动，快速离开游戏场地，游戏自然结束。如幼儿可以用小碎步快速走动来表现“小鱼”“游”到“家”里。“小鱼”的“家”可由游戏场地外或小椅子来代替，幼儿也可以随音乐旋律的渐慢渐弱蹲下或坐好，表现游戏的自然结束。
5. 当幼儿熟悉音乐的变化和游戏玩法后，可以让两名教师扮演网鱼人，也可以两名教师手拉手做网鱼人，增加游戏的趣味性，让幼儿在躲闪游戏中体验游戏的快乐。

中 班

小熊是谁呀

小熊是谁呀

游戏目标：

1.感受歌曲的间奏和旁白的变化做游戏。
2.能随音乐边演唱歌曲边做“抢椅子”游戏。
3.体验和同伴一起边演唱边做游戏的快乐。

游戏准备：

1. 小椅子若干。
2. 音乐《小熊是谁呀》。

游戏玩法

1

幼儿人数比椅子总数多 1 个，面向圈内站好。

2

音乐响起，幼儿边唱歌曲边根据歌词内容做动作。

3

当唱到“小熊是谁呀？我们要找到它”时，全体幼儿双手捂眼睛。

4

当听到音乐的旋律发生变化时，做“抢椅子”游戏。

5

当歌词旁白问到“小熊是谁呀”时，幼儿一边说唱最后一句话“小熊就是它”，一边一起用手指向未找到椅子的“小熊”。

6

音乐的间奏部分出现时，这只“小熊”快速搬走一把椅子，走下游戏场地休息。

游戏规则

1. 当唱到“小熊是谁呀？我们要找到它”时，参与游戏的幼儿要做双手捂眼睛的动作。

2. 当歌曲出现间奏时，全体幼儿参与做“抢椅子”游戏，没有抢到椅子的幼儿就是要找的“小熊”。

3. 当最后说唱到“小熊就是它”时，被找到的“小熊”要快速搬走任意一把椅子，走到游戏场边暂时休息。

音乐分析

《小熊是谁呀》是一首2/4拍的歌曲，节奏欢快、活泼，有说唱，有旁白，还有音乐结构变化和间奏。此游戏是一个能随音乐边演唱歌曲边“抢椅子”的音乐游戏。

游戏建议

1. 游戏开始时，教师可以尝试说：“有一只可爱的小熊就在我们中间，它在和好朋友们一起玩‘抢椅子’游戏。我们帮忙找找看，到底谁是‘小熊’。”

2. 教师要交代清楚“抢椅子”游戏规则：当歌曲出现间奏的旋律时，幼儿按逆时针方向随着音乐慢慢围着小椅子小碎步向前跑。

3. 无歌词内容的最后一个音结束后才能开始抢椅子，而没有抢到椅子的幼儿就是要找的“小熊”。

4. 也可分组依次进行游戏，把每个小组获胜的幼儿集中在一起进行游戏，重新找一找“小熊是谁呀”，增加游戏的趣味性，体验游戏获胜的喜悦。

5. 当幼儿熟悉游戏玩法之后，可以根据幼儿人数减2把或3把椅子进行游戏，每次“抢椅子”后，会找到2只或3只“小熊”，增加游戏的难度与趣味性。

小老鼠打电话

小老鼠打电话

游戏目标：

1.感受歌曲的诙谐、幽默。
2.能随歌词的情节变化做“打电话”的游戏。
3.体验和同伴一起说唱歌曲做表演游戏的快乐。

游戏准备：

1. 自制“大花猫”和“小老鼠”的头饰若干，数量分别是幼儿人数的一半。

2. 小椅子若干，数量为幼儿人数的一半，分散在游戏场地四周。

3. 音乐《小老鼠打电话》。

游戏玩法

1

全体幼儿分成两组，一组扮演大花猫，藏在小椅子后面，另一组扮演小老鼠，坐在小椅子上。

2

音乐开始，“小老鼠”随音乐一起边唱第一段歌词内容，边做相应的动作。

3

当出现歌词时，“小老鼠”先说歌词“喂，喂，你好吗？请你快到我的家”。

4

“大花猫”（在藏身处）回答“好，好，知道了，马上就到你的家”。

5

唱到“喵”时，“大花猫”从椅子后面跳出来，边喊“喵——”边去抓“小老鼠”，“小老鼠”要快速跑开或躲藏。

6

全体“小老鼠”接着唱出“咦，朋友怎么会是它”（停顿一下，好像发现了“大花猫”），再无奈地演唱“原来号码打错了，唉”。

游戏规则

1. 当扮演小老鼠的幼儿说歌词“喂，喂，你好吗？请你快到我的家”时，扮演大花猫的幼儿要保持不动，并认真听完“小老鼠”演唱之后再做出回答。

2. 当唱完“喵”时，扮演大花猫的幼儿要从椅子后面跳出来，并模仿大花猫的叫声“喵——”，再去抓扮演小老鼠的幼儿。

音乐分析

“小老鼠打电话”是一个根据同名歌曲内容改编的，并能根据歌词的情节内容变化扮演不同角色开展的音乐游戏。《小老鼠打电话》是一首富有游戏性和情节性的歌曲，曲调活泼有趣，适合幼儿大胆进行角色表演。最后一句歌词是歌曲的中心，也是歌曲的伏笔所在，它使得歌曲与游戏显得更加诙谐、幽默，也符合幼儿参与表演的趣味性。

游戏建议

1. 游戏中，扮演小老鼠的幼儿先演唱歌词内容，并做相应的模仿动作。

2. 当幼儿熟悉游戏玩法之后，可以不播放歌曲，让全体幼儿一起边演唱歌曲边进行合作游戏。

3. 还可以让幼儿尝试互换角色扮演大花猫和小老鼠做游戏，为“大花猫”设置藏身的场景，并设置“小老鼠”的家，增加游戏的趣味性。

浪花和脚丫

浪花和脚丫

游戏目标：

1.感受歌词内容的角色变化。
2.能随音乐用动作表现浪花和脚丫的不同角色变化。
3.体验和同伴分角色游戏的快乐。

游戏准备：

1. 场地上画有两条相隔 2 米左右的直线。
2. 游戏前可以让幼儿先学唱歌曲《浪花和脚丫》。
3. 音乐《浪花和脚丫》。

游戏玩法

1

全体幼儿分成两组，分别扮演浪花和小脚丫，并站在两条直线上。

2

第一句歌词，“浪花”手拉手大胆表现在海里游戏，“小脚丫”原地站立不动。

3

第二句歌词，“小脚丫”左右踏步，大胆表现在水里游戏，“浪花”原地站立不动。

4

当唱到“浪花海中漂”，“浪花”随音乐节奏“× × | $\underline{× ×}$ × | ”拍手，“小脚丫”原地不动。

5

当唱到“脚丫水中走”时，“小脚丫”随着节奏“× × | × × × |”跺脚（或拍手），“浪花”不动。

6

当唱到“漂呀漂呀，漂漂漂呀，啦啦啦啦啦啦”时，“浪花”手拉手慢慢走向对面，“小脚丫”不动。

7

当唱到“走呀走呀，走走走呀，啦啦啦啦啦啦”时，“小脚丫”跟随节奏向前走，和“浪花”面对面站好。

8

当音乐出现无歌词内容时，两组幼儿面对面，手拉手随音乐节奏高高举起。

9

随音乐的节奏落下，表现浪花和小脚丫在嬉戏、玩耍。

10

全体幼儿跟随音乐的结尾节奏小碎步转身跑回原处并慢慢蹲下。

游戏规则

1. 当唱到关于“浪花”的歌词内容时，扮演浪花的幼儿要做相应的模仿动作，扮演小脚丫的幼儿原地不动。

2. 当唱到关于“脚丫”的歌词内容时，扮演小脚丫的幼儿要做相应的模仿动作，扮演浪花的幼儿原地不动。

音乐分析

《浪花和脚丫》是一首原创歌曲，借助大连海滨城市的地域特点，以轻快的曲调、优美的旋律和富有情趣的歌词表现出“浪花”和“小脚丫”在海边嬉戏的快乐场景。

游戏建议

1. 为方便幼儿分角色表演，教师可事先在活动场地上画出两条相距 1.5~2 米的直线，也可以用带颜色的即时贴粘贴装饰。游戏时，让幼儿分别站在线上扮演浪花和脚丫的角色。

2. 教师引导幼儿根据歌词内容分角色表现“浪花”和“小脚丫”，做相应的动作进行游戏。如“浪花”可以摇动手臂，“小脚丫”可以随音乐节奏跺脚。

3. 为了让幼儿尽快掌握游戏玩法，教师可以按照男孩和女孩分配角色，方便幼儿游戏。当幼儿熟悉此游戏的玩法和歌词内容时，可以互换角色或者边大胆演唱边做游戏，增加游戏的难度和趣味性。

附录

浪花和脚丫

1 = E 2/4

于萍 史莹 词曲

跳到我这里

跳到我这里

游戏目标：

1.倾听歌曲并理解歌词内容。

2.能跟随音乐节奏做跑跳步动作。

3.体验和同伴一起用跑跳步玩“找朋友”游戏的快乐。

游戏准备：

1. 学习演唱歌曲《跳到我这里》。

2. 音乐《跳到我这里》。

游戏玩法

全体幼儿围成一个大圆圈，教师先做第一个“找朋友”的人，随歌词内容逆时针方向向前做跑跳步的动作。

当唱到“跳到我这里好朋友”时，教师要找到一个好朋友，拉起他的小手原地转1~2圈后进入圆圈内，再一起做跑跳步寻找下一个好朋友。

依次类推，1个“找朋友”的人变成2个“找朋友”的人，再变成4个“找朋友”的人。

最后变成8个“找朋友”的人，游戏自然结束。

游戏规则

1. 围成圆圈的幼儿要站在原地，随音乐的节奏拍手唱歌，圈内“找朋友”的幼儿可以不唱。

2. 当唱到“跳到我这里好朋友” 时，圈里“找朋友”的人要迅速找到一个好朋友，让他和自己一起跟随音乐的节奏和歌词内容继续做跑跳步在圈内“找朋友”。依次类推，1 个“找朋友”的人变成 2 个“找朋友”的人，再变成 4 个“找朋友”的人，最后变成 8 个“找朋友”的人。

音乐分析

“跳到我这里”是根据同名歌曲改编的一个音乐游戏。其歌曲特点是只有两句歌词，并按照不同旋律来表现。歌词内容简单易懂，音乐节奏鲜明欢快，适合根据歌词内容做跑跳步和“找朋友”的游戏。

游戏建议

1. 游戏开始时，教师可以尝试说：“找朋友的游戏有很多，现在我们要用跑跳步的方式向前走，找到一个好朋友，拉他一起走入圈内，继续用跑跳步找朋友做游戏，有趣极了。”

2. 刚开始做跑跳步找朋友时，教师可以先请节奏感和动作协调性较强的幼儿做游戏，让其他幼儿观察、模仿跑跳步动作。

3. 为了避免幼儿重复找自己的好朋友做游戏，其他幼儿没有机会参与游戏，教师可以让还没有做游戏的幼儿举手示意“快快找到我”。让越来越多的幼儿参与游戏，尝试探索随音乐做跑跳步的动作游戏，增加游戏的趣味性。

附录

跳到我这里

1 = F 4/4

3 - 1 - | 3 3 3 3 5 - | 2 - 7̣ - | 2 2 2 2 4 - |
跳　跳　跳到 我这 里，跳　跳　跳到 我这 里。

3 - 1 - | 3 3 3 3 5 - | 2 3 4 3 2 | 1 1 1 - ‖
跳　跳　跳到 我这 里，跳 到我 这 里 好 朋 友。

咔嚓咔嚓

咔嚓咔嚓

游戏目标：

1.熟悉音乐旋律，理解歌词内容。
2.能遵守游戏规则，并在歌词内容“咔嚓咔嚓”处合作做拍手和在两手中间横穿的动作。
3.体验两人合作拍手和横穿游戏的快乐。

游戏准备：

1. 场地上画一个大圆圈，并在圆圈内粘贴上数量为幼儿人数一半的地贴“小剪刀”。
2. 幼儿学会演唱歌曲《咔嚓咔嚓》。
3. 音乐《咔嚓咔嚓》。

游戏玩法

1

全体幼儿分成两组，分别扮演理发师和客人，在相应的位置上面对面站好。

2

音乐开始，全体幼儿随歌曲内容的第一乐句做四次拍手的动作。

3

唱到“咔嚓咔嚓”时，“客人”做上下拍手的动作，“理发师”右手做在“客人”两手中间横穿的动作。

4

当唱到“哎！已剪好了啊”时，两名幼儿双手拉在一起再张开；当唱到“拿起刷子，刷呀”时，幼儿面对面拍手四次。

5

当唱到“刷刷刷刷”时，做上下拍手和“咔嚓咔嚓”横穿组合动作。

6

伴随间奏，幼儿也可手拉手互换位置和角色，重新游戏。

游戏规则

1. 当唱到“咔嚓咔嚓”和“拿起刷子，刷呀刷刷刷刷”时，两名幼儿合作做在两手中间横穿的动作，扮演客人的幼儿一直做上下拍手的动作不变。

2. 当听到歌曲的间奏时，幼儿要手拉手，互换位置和角色继续游戏。

音乐分析

《咔嚓咔嚓》选自澳大利亚民歌《理发师》，歌曲活泼、欢快。此游戏是一个引导幼儿尝试根据歌词内容，两人合作做相应动作的原创手指游戏。

游戏建议

1. 游戏开始前，教师可尝试说：“理发店开张了，来了好多客人，请理发师帮忙给他们理理发吧。”教师接着说：“不过，今天的理发师要先和客人做个小游戏。”

2. 当幼儿熟悉游戏玩法后，可以在间奏部分互换角色做游戏，还可以和同伴一起，边演唱歌曲边做游戏。幼儿也可以在家里和爸爸妈妈一起做亲子小游戏，增加亲子之间的默契感和动作配合的协调性。

3. 教师可以加快歌曲的速度进行游戏，增加游戏的配合难度和趣味性。

附录

理发师

1 = C 2/4

澳大利亚民歌

5 5 5 5 | 6 6 6 6 | 5 3 | 5 3 | 3 3 3 3 | 4 4 4 4 |
理 发 店 的 叔 叔 阿 姨，咔 嚓 咔 嚓，灵 巧 地 呀 挥 着 剪 子，
下 一 位 呀 请 您 坐 下，咔 嚓 咔 嚓，镜 子 里 面 看 一 看 呀，

3 1 | 3 1 | 1̇ – | 6 7 1̇ 6 | 5 – | 5 6 5 4 | 3 1 | 1 1 1 | 1 0 ‖
咔 嚓 咔 嚓。哎！ 已 剪 好 了 啊， 拿起 刷子，刷 呀 刷 刷 刷 刷。
咔 嚓 咔 嚓。哎！ 已 剪 好 了 啊， 喷呀 喷雾，沙 沙 沙 沙 沙 沙。

钻山洞

钻山洞

游戏目标：

1.感受音乐节奏的不同变化。
2.能随音乐的变化合作做“搭山洞”和一个跟着一个“钻山洞”的游戏。
3.体验和同伴一起玩“搭山洞”“钻山洞”游戏的快乐。

游戏准备：

1. 宽敞、舒适的游戏场地。
2. 音乐《钻山洞》。

游戏玩法

1

全体幼儿排成一竖排或一横排，两名教师分别站在排头和排尾或横排两端。

2

音乐开始，全体幼儿随音乐节奏手拉手侧身逆时针向前走。

3

当排头的教师和排尾的教师会合时，两人手拉手高举过头顶变成两列竖排向前走，幼儿跟随教师一对一对手拉手向前走。

4

当音乐节奏发生变化时，一组逆时针拍手向前走，另一组向后转，接着旁边组的排尾拍手向前走。

5

当音乐节奏再次发生变化时，排头教师和身后一名幼儿搭成一个小“山洞”，其他幼儿一个跟着一个钻过“山洞”。

6

依次钻过“山洞”的两名幼儿也要手拉手搭成一个小“山洞”。

7

依次类推，“山洞”越来越多，另一名教师最后钻过“山洞”，小朋友们欢呼，游戏自然结束。

游戏规则

1. 幼儿随音乐向前走时，要一起手拉手侧身走，不能松手。
2. 钻过“山洞”的两名幼儿迅速做“搭山洞”的人。
3. 要等最后一名教师或幼儿钻过“山洞”游戏才能结束。

音乐分析

《钻山洞》选自国外名曲《口哨与小狗》，曲调轻松、活泼，形象逼真、可爱，其音乐结构特点是 “ABC”。

游戏建议

1. 游戏开始时，教师可以尝试说：“有一群可爱的小朋友，特别喜欢把小手搭在一起，搭成一个一个小山洞玩游戏，我们也一起试一试吧。”

2. 当幼儿熟悉游戏“搭山洞”和“钻山洞”的玩法后，可以尝试一个跟着一个反复“钻山洞”“搭山洞”，增加游戏的难度和趣味性。

3. 游戏时，可以根据场地大小灵活选择横排或竖排队伍。

大　班

鲨鱼来了

鲨鱼来了

游戏目标：

1.能清楚分辨音乐的不同，并做出小鱼游和追逐、躲闪的动作。
2.能随音乐的变化创编各种小鱼游的动作。
3.体验和同伴一起随音乐做躲闪游戏的快乐，并遵守游戏规则。

游戏准备：

1. 塑料圈若干，数量比幼儿人数少2个，分散摆放在游戏场地。
2. 鲨鱼头饰1个。
3. 音乐《鲨鱼来了》。

游戏玩法

1

A段音乐，扮演小鱼的幼儿随音乐节奏模仿小鱼“游来游去”。

2

B段音乐，“小鱼”快速跑到塑料圈内站好，同时，“鲨鱼”大声说“鲨鱼来了”，快速从角落里跑出来，去捉“小鱼”。

3

没有及时跑到“家”里的“小鱼”要在游戏场地来回躲闪“鲨鱼”的追逐。

4

当音乐的 A 段部分内容再次出现时，被捉到的“小鱼”迅速拿起一个塑料圈离开游戏场地，其他“小鱼”也从“家”（塑料圈）里走出来，游戏反复进行，“小鱼”和“家”（塑料圈）越来越少。

游戏规则

1. 当音乐 B 段内容出现时，扮演小鱼的幼儿要马上跑回“家”（塑料圈）里站好，不让“鲨鱼”捉住。

2. 没有及时找到“家”（塑料圈）的“小鱼”，要尽量跑起来，躲闪“鲨鱼”的追逐，不让“鲨鱼”捉住。

3. 被“鲨鱼”捉住的“小鱼”要迅速拿取一个塑料圈走出游戏场地，稍作休息。

音乐分析

《鲨鱼来了》选自乐曲《水族馆》，这是法国作曲家夏尔·卡米尔·圣桑的代表组曲《动物狂欢节》中的第七首。该曲子旋律连贯、优美、柔和，节奏与旋律的变化神秘，段落间没有特别明显的变化，在 B 段音乐出现 16 分音符琶音，纤巧轻快。其音乐结构特点为“ABAB'”。

游戏建议

1. 把塑料圈分散摆放在游戏场地，游戏开始前，幼儿可以两两一对用“剪刀、石头、布”的方式最终选出一名幼儿扮演鲨鱼。“鲨鱼”要在游戏场地的角落里“藏起来”。

2. 游戏开始时，教师可以对幼儿说：“水族馆里有一些可爱的小鱼，每天游来游去真快乐。可是，不知什么时候，水族馆里来了一条大鲨鱼，总是想捉小鱼和它一起玩。小鱼害怕鲨鱼，鲨鱼一出来，小鱼就会赶紧跑回家，找不到家的小鱼，要快速跑起来，躲避鲨鱼的追逐，直到鲨鱼捉不到小鱼游走了，小鱼才可以从家里出来，和同伴一起自由自在地游来游去。”

3. 在游戏次数的把握上，教师可以视幼儿参与游戏的兴趣和身体状况决定。“鲨鱼”的角色也可以让没有被捉到的幼儿来扮演，激励幼儿做规则游戏时的竞赛意识。

4. 当幼儿熟悉游戏玩法后，可以摆放比“小鱼”数量少 2 个或 3 个的塑料圈进行游戏，增加游戏的难度和趣味性。

你做我学

你做我学

游戏目标：

1.感受音乐的不同，并能创编、模仿各种不同的动作。
2.能遵守游戏的规则。
3.体验创编和模仿游戏的快乐。

游戏准备：

1. 舒适、宽敞的场地。
2. 音乐《你做我学》。

游戏玩法

1

全体幼儿围成两个大圆圈。

2

里圈幼儿随音乐主旋律做各种动作。

3

外圈幼儿模仿“照镜子”游戏和里圈幼儿做相同的动作。

4

音乐间奏出现，里圈幼儿和对面的好朋友手拉手转圈，互换位置，然后做模仿动作。

5

外圈幼儿按逆时针方向随音乐节奏向前走，找到下一个好朋友面对面站好，继续做模仿动作。

游戏规则

1. 音乐主旋律（A 段）出现时，是“先做再学”模仿。里圈的幼儿先做，外圈幼儿观看保持不动，然后再模仿做一模一样的动作。

2. 音乐的间奏（B 段）出现时，是做“找朋友”的游戏。先互换位置，再按逆时针方向向前走，并找到另一个好朋友面对面站好。

音乐分析

《你做我学》音乐结构特点为“AB”。其乐曲节奏鲜明，变化明显好区分。欢快、轻柔的主旋律部分和 B 段音乐的间奏部分可以让幼儿做相应的“照镜子”和“找朋友”的游戏。

游戏建议

1. 游戏开始时，教师可以对幼儿说：“今天我们一起玩‘你来做，我来学’游戏。你做什么，我就学什么。每个人找到一个好朋友面对面站好，玩‘照镜子’游戏。找个好朋友，一起来跳舞。”

2. 当幼儿熟悉游戏玩法后，可以在户外场地做游戏，也可以在家长开放日时做亲子模仿游戏。

小猪兄弟

小猪兄弟

游戏目标：

1.倾听音乐，理解歌词，积极参与到游戏表演中。
2.能有规则地进行游戏，知道在间奏处做躲闪动作。
3.体验扮演不同角色进行表演游戏的快乐。

游戏准备：

1. 大灰狼头饰 1 个，不同的三只小猪头饰若干。
2. 游戏场地画一个大圆圈。
3. 音乐《小猪兄弟》。

游戏玩法

1

扮演小猪的幼儿站在圆圈上，扮演大灰狼的幼儿站在圈外。

2

音乐开始，扮演猪大哥的幼儿进入圆圈内，随音乐一起合作做搭建房子的模仿动作，其他“小猪”站在圆圈上，一起拍手演唱，“大灰狼”沿逆时针方向围着圆圈随音乐节奏慢慢走。

3

音乐间奏出现，站在圆圈上的“小猪”迅速蹲下来，手拉手围成一个大圆圈。“大灰狼”马上找缝隙钻入圆圈里去抓“猪大哥”，所有的“小猪兄弟”要阻挡“大灰狼”从任何缝隙进入圆圈里抓“猪大哥”。

4

如果“大灰狼”进入圆圈捉到了没有藏好的“猪大哥”，这只“猪大哥”就要到场地外面休息，直到游戏结束才可以重新加入。

5

依次类推，在歌曲的间奏部分，站在圆圈边线上的“小猪”手拉手围成圆圈，尽量不让“大灰狼”进入圆圈内抓走“小猪”。直到所有“猪小弟”都盖完房子。

游戏规则

1. 当扮演猪大哥的幼儿进入圆圈内盖房子时，其他“小猪”要站在圆圈上，一起拍手演唱，扮演大灰狼的幼儿在圆圈外逆时针向前走。

2. 当歌曲间奏出现时，圆圈里的幼儿要合作搭建房子不动，而其他“小猪兄弟”要迅速蹲下来，手拉手围成一个大圆圈，不让“大灰狼”钻入圆圈内去抓“小猪”。

3. 如果“大灰狼”进入圆圈捉到了没有藏好的“小猪”，这只“小猪”就要到场地外面休息，直到游戏结束才可以重新加入。

音乐分析

《小猪兄弟》选自歌曲《三只小猪》，是一首非常有趣的管弦乐小曲。主题音乐鲜明，旋律轻巧欢快，歌词内容诙谐有趣，音乐形象活泼可爱。其音乐结构特点为“AB”，反复进行三次，而每一个 A 段音乐的歌词内容分别为“猪大哥”“猪二哥”“猪小弟”三个角色。“小猪兄弟”是一个能随歌词内容的不同变化做游戏，并能在歌曲的间奏部分做躲避“大灰狼”“抓小猪”的音乐游戏。

游戏建议

1. 游戏开始时，教师可以尝试对幼儿说：“森林里的小猪们要盖新房子，可恶的大灰狼总是来捣乱，怎么办呢？大家想了一个好办法，一起模仿‘猪大哥’‘猪二哥’‘猪小弟’战胜‘大灰狼’。”以此来激发幼儿参与游戏的兴趣。

2. 可以让幼儿用自己喜欢的方式进行角色分配。

3. 当幼儿熟悉游戏玩法后，鼓励幼儿自己组合人数，大胆创编搭建的楼房造型。同时保持原地不动，“大灰狼”可以模仿“吹房子”“推房子”“撞房子”的相应动作，增加游戏的趣味性。

拍手游戏

拍手游戏

游戏目标：
1.感受音乐节奏的不同变化。
2.能随音乐节奏做不同的拍手游戏。
3.体验和同伴一起做拍手游戏的快乐。

游戏准备：
1. 幼儿人手 1 个手环。
2. 音乐《拍手游戏》。

游戏玩法

1

全体幼儿两人一组，面对面坐好，并围成一个双圆圈。

2

音乐开始，面对面的两名幼儿合作进行“对面拍”的拍手游戏。

3

再进行左右手交叉拍手的游戏。

4

随音乐节奏拍手。

5

随音乐旋律的变化做横穿手掌、上下拍手的组合动作。

6

随音乐节奏的快慢进行游戏。音乐停止，游戏自然结束，也可反复进行游戏。

游戏规则

1. 两人合作击掌进行拍手游戏时，幼儿要先自己拍手一次，再和好朋友一起双手对拍击掌一次。

2. 幼儿合作交叉拍手时，先自己拍手一次，再与好朋友进行右手和左手依次交叉拍手。

3. 两人合作横穿手掌和上下拍手时，一名幼儿随音乐节奏一直做上下拍手动作，另一名幼儿的右手一直做横穿过对面好朋友两手之间缝隙的动作即可，合作的动作随音乐的节奏快慢反复进行。

音乐分析

《拍手游戏》音乐结构为“ABA'BA'BAA'”。

游戏建议

1. 游戏开始时，教师可以对幼儿说：“两个好朋友，一起拍拍手，对面拍，左右拍，拍手游戏真快乐。”

2. 可以为每名幼儿右手系一个手环或在右手手背上贴上装饰标志，方便幼儿辨别左右手进行游戏。

3. 当熟悉游戏玩法后，可以让幼儿尝试把自己拍手，与朋友对拍、交叉拍手的动作连贯起来反复做游戏，增加游戏的难度和趣味性。

三人套圈

三人套圈

游戏目标：

1.理解歌曲的不同歌词内容。
2.能随歌词内容边唱边做游戏。
3.尝试三人配合玩套圈游戏。

游戏准备：

1. 黄色和蓝色手环若干，蓝色手环是黄色手环数量的 2 倍。
2. 音乐《三人套圈》。

游戏玩法

1

三名幼儿一组，1 号和 3 号幼儿左手戴蓝色手环，2 号幼儿右手戴黄色手环。

2

音乐开始，三人随歌词内容“三人在一起呀”搂在一起。

3

随歌词内容手拉手围成小圆圈，随音乐节奏小碎步原地走。

4

随第三句歌词内容手拉手逆时针转一圈。

5

随第四句歌词内容手拉手。

6

戴手环的胳膊抬起，先从 1 号小朋友开始依次做套圈的游戏。

7

再套 2 号小朋友。

8

最后套 3 号小朋友。随最后一句歌词内容拉手欢快地在原地向上蹦跳。

游戏规则

1. 当套 1 号小朋友时，三人手拉手不能松开，先从头上过，再从脚下过。

2. 先套 1 号小朋友，再套 2 号小朋友，最后套 3 号小朋友。同时，根据排号的顺序说出其名字，如“先套 ×××”。

音乐分析

《三人套圈》选自传统歌曲《套圈》，歌曲节奏明快、歌词朗朗上口，与游戏情节十分吻合，比较容易边演唱边做相应的动作进行游戏，让幼儿在边玩边探索中学会交叉握手、三人套圈的游戏。

游戏建议

1. 全体幼儿分成三人一组，分别戴上不同颜色的手环，方便游戏中识别，合作“套圈”。如：让三个人编号站立，右手戴黄色手环的是 2 号小朋友，他的右边是左手戴蓝色手环的 1 号小朋友，另外一名为 3 号小朋友。

2. 第二段歌词内容出现时，教师可以引导幼儿按照戴手环的手腕在上的方式交替将手搭在一起，拉起小手做套圈游戏。每一次被套住的幼儿要从圈里后跨步走出，另外两名幼儿要蹲下，方便被套住的幼儿走出来。依次类推，做三人套圈游戏。

3. 游戏可反复进行。也可以在表演区里边看图片边模仿进行巩固练习，让幼儿体验合作游戏的快乐。

附录

套圈

1 = D 4/4

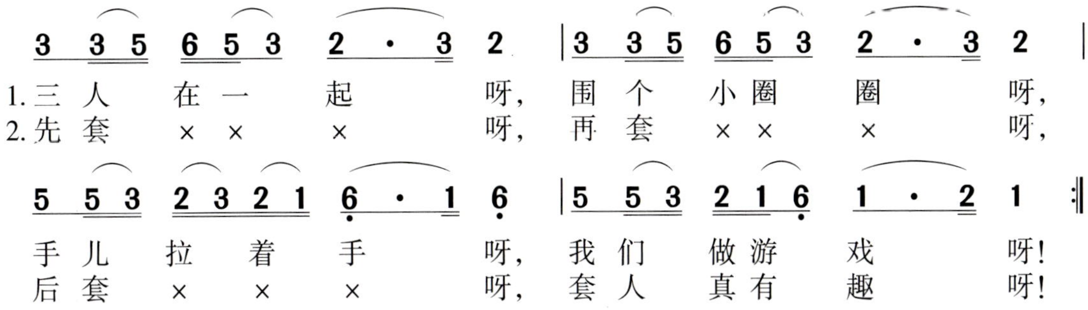

切西瓜

切西瓜

游戏目标：

1.感受音乐AA'BAC结构的不同变化，并跟随音乐的变化做游戏。
2.喜欢参与游戏，能遵守游戏规则。
3.体验和同伴一起做“切西瓜”游戏的快乐。

游戏准备：

1. 宽敞、舒适的游戏场地。
2. 音乐《切西瓜》。
3. 录音机一台。

游戏玩法

1

全体幼儿围成一个圆圈，一名幼儿和一名教师站在圆圈内，扮演切西瓜的人。

2

音乐开始，扮演切西瓜的人随A段节奏边拍手边逆时针向前走，其他幼儿原地站立，随音乐节奏拍手。

3

A'段音乐出现，全体幼儿迅速拉起手。扮演切西瓜的人一拍一次，在两名幼儿手拉手处做“切”的动作，一共切8次。

4

当B段音乐出现，拉起“被切到”的两名幼儿小碎步走到圆圈里，并随音乐的节奏做跟点步等模仿动作，其他幼儿再次快速拉起手，原地做小碎步与跟点步的动作。（三个人组成的小圆圈在做转圈、拍手和跟点步挽花的动作时要反复做两遍）

5

当A段音乐再次出现时，“切西瓜”的人和“被切开”的幼儿一起随音乐节奏在圆圈里逆时针向前走，其他幼儿手拉手随音乐节奏原地踏步。

6

当C段音乐的节奏出现加快的变化时，圆圈里的人要快速和其他幼儿手拉手围成一个大圆圈。

7

在节奏的高潮处(音乐结束前一拍处)，全体幼儿向上跳起，好似西瓜籽爆开了一样，音乐停止，游戏自然结束。

游戏规则

1. 当A段音乐的节奏发生变化时，两名幼儿做“切西瓜”的动作，站在圈外的幼儿手拉手原地不动，好似一个大西瓜。

2. 扮演切西瓜的幼儿在“切”到第8拍节奏时，要迅速拉着被“切开”的两名幼儿，三个人手拉手一起在圆圈里自由跳舞。

音乐分析

《切西瓜》选自乐曲《瑞典狂想曲》，是瑞典小提琴家雨果·阿尔芬创作的3首《瑞典狂想曲》之一，也叫《仲夏守夜》，是最为人们熟悉的一首乐曲。其音乐结构为“AA'BAC”的三段体变现形式。

游戏建议

1. 游戏开始时，教师可以说：“西瓜地里的大西瓜熟了，想请小朋友们一起做‘切西瓜’的游戏。”以此激发幼儿参与游戏的兴趣。

2. 引导幼儿在“切西瓜”时一定要随音乐节奏一拍一次做“切”的动作。被“切到”的幼儿要和“切西瓜”的人一起走到圆圈里做简单的模仿动作，如“小碎步”“跟点步”等。

3. 当音乐的A段内容再次出现时，圆圈里的人一起逆时针方向随音乐节奏向前走。直到音乐的高潮处，音乐的节奏加快时，所有的幼儿都要快速围成一个大圆圈，等待“西瓜籽爆开”的一瞬间，增加游戏的趣味性。

4. 当幼儿熟悉游戏玩法后，可以增加“切西瓜”的人数，增加游戏的难度和趣味性。

越来越多的朋友

越来越多的朋友

游戏目标：

1.感受音乐AA'BA结构的不同变化。

2.能随音乐的变化做相应的模仿动作，并跟随B段音乐做找朋友的游戏。

3.体验和同伴一起做游戏的快乐。

游戏准备：

1. 宽敞、舒适的游戏场地。
2. 音乐《越来越多的朋友》。

游戏玩法

1

音乐前奏响起，全体幼儿跟着老师排成一列纵队，一个跟着一个走。

2

随音乐 A 段的节奏逆时针向前双手叉腰走。

3

双手拍手走。

4

双手向上摇摆走。

5

在音乐 A 段的 A' 结构处，全体幼儿手拉手小步慢慢走向圈里。

6

随音乐节奏一步一步向后退成一个大圆圈。

7

当音乐节奏出现间奏的 8 拍时，全体幼儿松开手原地站好。

8

B 段音乐出现，全体幼儿快速找到一个好朋友，两人手拉手随音乐节奏做跟点步，同时在圆圈的边缘处做游戏。没有找到好朋友的幼儿要在圈里单独叉腰原地做跟点步的动作。

9

当教师做出“3”的手势时，幼儿要快速组成三人组，没有及时找到组的幼儿要向圆中心靠拢，直到组成三人组再拉到边缘处做跟点步。

10

依次类推，可以 4 个朋友在一起。

11

5 个朋友在一起。

12

当音乐 A 段再次出现时，幼儿排成一路纵队，最前面的两名幼儿手拉手搭成一个“山洞”，紧跟在后面的幼儿钻过“山洞”，和自己后面钻过“山洞”的幼儿再搭一个小“山洞”。

13

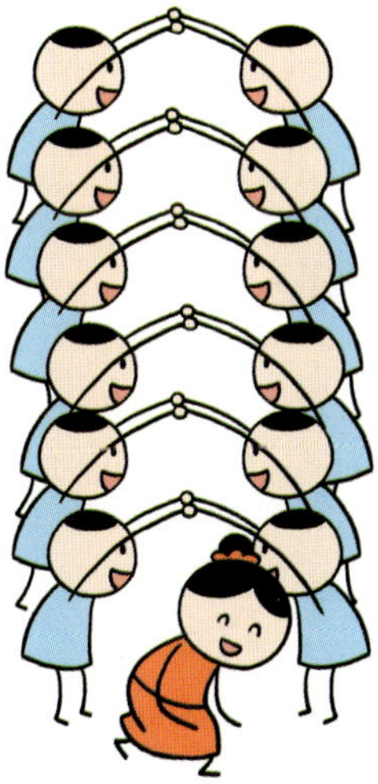

依次类推。所有幼儿搭成一个长长的“山洞”，最后教师钻出“山洞”。

14

或幼儿不停钻“山洞”，直到音乐结束，“山洞”关闭，抱住“山洞”里的人，游戏自然结束。

15

或全体幼儿围成一个大圆圈，跟点步，音乐结束时，手拉手向上举。

游戏规则

1. 没有找到组合的幼儿要站在圆圈内举手“求救”，重新组合。

2. 按要求人数成功组合的幼儿手拉手到圈外一起跳舞（做跟点步即可），没有组合成功的幼儿在圈里自己或和不够组合数量的幼儿一起跳舞（做跟点步）。

音乐分析

《越来越多的朋友》选自乐曲《拉德斯基进行曲》，是奥地利作曲家老约翰·施特劳斯于1848年创作的作品，也是老约翰最著名的代表作，经常作为通俗的管弦乐音乐会的最后一首曲目。著名的维也纳新年音乐会每年都以这首曲子作为结束曲，并已成为一种传统。音乐风格为前一部分轻柔，后一部分欢快，其音乐结构特点为“AA'BA”。

游戏建议

1. 音乐的B段内容出现时，幼儿要按照游戏规则找到“1个好朋友”组合成“2个好朋友”，再依次组合成“3个好朋友”“4个好朋友”。教师还可根据幼儿游戏的兴趣增加难度，让幼儿组合“5个好朋友”或“6个好朋友”，增加游戏趣味性。

2. 当幼儿熟悉游戏玩法后，可以在“搭山洞”时，让幼儿依次不停地反复搭建一个一个“小山洞”，再依次一个一个钻过“小山洞”，等到音乐结束时，看看谁是最后一个没有钻过“山洞”的幼儿，增加游戏的趣味性和难度。